¡SALVAJES!

EL OSO POLAR

Texto de Jason y Jody Stone
Fotografías por Tom y Pat Leeson

BLACKBIRCH®
PRESS

THOMSON

San Diego • Detroit • New York • San Francisco • Cleveland • New Haven, Conn. • Waterville, Maine • London • Munich

For more information, contact
The Gale Group, Inc.
27500 Drake Rd.
Farmington Hills, MI 48331-3535
Or you can visit our Internet site at http://www.gale.com

Photo Credits: All images © Tom and Pat Leeson Nature Wildlife Photography.

LIBRARY OF CONGRESS CATALOGING-IN-PUBLICATION DATA

Stone, Jason, 1972-
 [Polar bear. Spanish]
 El oso polar / by Jason y Jody Stone.
  p. cm. — (Osos salvajes!)
Summary: Describes the physical appearance, habits, hunting and mating behaviors, and life cycle of the polar bear.
Includes bibliographical references and index.
 ISBN 1-56711-963-8 (hardback : alk. paper)
 1. Polar bear—Juvenile literature. [1. Polar bear. 2. Bears.] I. Stone, Jody, 1975- II. Title. III. Series: Wild bears!

QL737.C27 S72718 2003
599.786—dc21   2002015922

Printed in United States
10 9 8 7 6 5 4 3 2 1

Contenido

Introducción

Los osos polares viven en el Ártico. Su hábitat está cubierto de hielo y nieve la mayor parte del año. Hay 5 países que participan de su territorio en el Ártico: Canadá, Estados Unidos, Rusia, Dinamarca y Noruega. Los inviernos árticos son largos y fríos. Rara vez brilla el sol durante este tiempo. Parte del invierno puede estar a oscuras día y noche. Aunque el agua es de un frío glacial, algunas porciones de ella no forman hielo. Partes del agua no congelada tienen a menudo forma de estanque.

Durante los meses de invierno, los osos polares emigran (viajan) hacia el sur. Van siguiendo el hielo, en su movimiento descendente desde el Polo Norte. A veces avanzan sobre una cordillera de hielo y nieve que incluye zonas de agua abierta.

Donde es más común encontrar osos polares

Rusia

Océano Pacífico

Alaska

Océano Ártico

+ Polo Norte

Canadá

Groenlandia

Océano Atlántico

CLAVE
Territorio del oso polar

Hacia el final del verano, los osos polares vuelven a mudarse hacia el norte. Siguen el hielo hasta donde les es posible. Los veranos son breves en el Ártico. Aun así, algunas flores y plantas silvestres tienen tiempo de crecer. Pastizales amarillos y verdes cubren la tundra (llanuras planas, sin árboles) del verano. La mayoría de los árboles no puede sobrevivir en un lugar tan frío.

Arriba: Osos polares emigran siguiendo el hielo.

Abajo: Algunas plantas y pastos crecen en la tundra ártica en verano.

5

El cuerpo del oso polar

El oso polar es uno de los más grandes entre todas las especies de osos. También es uno de los más grandes carnívoros (animales que comen carne) terrestres. A veces se les llama "Los reyes del Ártico". Los osos polares son altos. Cuando se levantan sobre las patas traseras, los machos pueden alcanzar 10 pies (3 metros) de altura. Los osos polares son también bastante pesados. Los machos pesan entre 660 y 1,500 libras (299-680 kilogramos). Las hembras no son tan grandes como los machos. Pesan entre 330 y 770 libras (150-349 kilogramos). Para su tamaño, los osos polares son ágiles corredores. En distancias cortas, pueden correr hasta a 30 millas (48 kilómetros) por hora.

Los osos polares usan sus afilados dientes para masticar alimento y para asustar a otros animales.

Las orejas pequeñas y redondeadas ayudan al oso polar a retener el calor.

La cabeza, de tamaño reducido, del oso polar es un recurso que tiene para adaptarse al frío ártico. Sus ojos están cerca uno de otro, y miran hacia el frente. Esto les da buena visión y capacidad para calcular la distancia. Las orejas del oso polar son pequeñas y redondeadas. Su tamaño pequeño significa que las orejas pierden menos calor, lo cual es importante en un clima tan frío.

Los osos polares tienen 42 dientes. Los usan ante todo para masticar alimento. A veces los muestran para evitar que otros animales los ataquen a ellos o a sus cachorrillos.

Rasgos especiales

Los osos polares se han adaptado a vivir en los fríos inviernos árticos. Están recubiertos por una gruesa piel. Cada pelo en realidad es transparente y hueco. Cuando les da la luz del sol, se refleja y hace parecer el pelo blanco o amarillo claro. El pelo transparente y hueco ayuda a los rayos del sol a llegar hasta la negra piel del oso, que se protege del frío absorbiendo calor del sol. La piel ligeramente aceitosa del oso polar mantiene los pelos separados cuando el animal se moja. Un oso polar puede también fácilmente sacudirse el exceso de agua después de nadar. Esto evita que se les forme hielo en la piel.

Por debajo de la peluda cubierta del oso hay una gruesa capa de grasa. Esta capa de grasa actúa como manta caliente. Cuando escasea el alimento, el cuerpo del oso polar quema esta grasa para procurarse energía.

Arriba: Las garras del oso polar son grandes. El acojinado de las patas y la piel le ayudan a caminar sobre el hielo.

Abajo: Aun en las más crudas tormentas de nieve, las gruesas capas de grasa conservan el calor al oso polar.

El oso polar tiene grandes patas. Algunas pueden medir hasta 1 pie (30 centímetros) de anchura. Cada pata tiene 5 dedos, y cada dedo tiene una gran zarpa. Entre el acojinado de cada pata crece una gruesa piel. Este áspero acojinado, las zarpas afiladas y la gruesa piel impiden que el oso polar se resbale sobre el hielo. Las patas del oso polar son también un poco palmeadas (unidas por una membrana), y esto hace de ellos enérgicos nadadores. De hecho, ¡se ha visto a osos polares nadando a 50 millas (80 kilómetros) de la playa!

La piel, ligeramente aceitosa, del oso polar, le permite sacudirse el agua del pelo, para que no se le congele.

Vida social

Los osos polares viven solos la mayor parte del año. Los machos y las hembras adultos no se juntan sino para aparearse. Sin embargo, las hembras a veces excavan guaridas subterráneas bajo la nieve, cerca de otras hembras. Los científicos han visto osas madres peleando por los mejores sitios para guaridas.

Los osos polares no trabajan unidos para conseguir alimento. Pero algunos pueden comerse la presa en grupos. Cuando se comen una morsa, trabajan juntos. Esto se debe a que masticar la gruesa piel de morsa requiere normalmente varias horas. Cuando dos o más osos comparten la tarea, pueden llegar mucho antes a la carne de la morsa.

Aunque viven en general solos, los osos polares a veces juegan o pelean entre sí.

Los osos polares adultos a menudo pelean o juegan entre sí, en la nieve. Uno se acercará al otro con la cabeza baja. Le tocará gentilmente la cabeza o el cuello. Luego, los dos se levantarán sobre las patas traseras para tratar de derribar el uno al otro. Los osos no pueden pelear o jugar mucho tiempo, porque se calientan demasiado. Cuando sucede esto, se separan. Cada uno se tiende sobre el hielo. También comen nieve para refrescarse.

A veces, los osos polares adultos se comunican entre sí mediante sonidos. Usan también sonidos cuando están enojados o asustados. Los adultos gruñen, silban y hacen crujir los dientes. Pero los cachorros se comunican más a menudo. Emiten ruidos de gemido y de silbido. Sus sonidos pueden significar muchas cosas diferentes. Los producen cuando juegan o cuando tienen hambre.

Después de jugar o pelear, el oso polar se tiende sobre la nieve para refrescarse.

Expertos cazadores

Los osos polares son sobre todo carnívoros. Adquieren la mayor parte de su peso en invierno, cuando cazan focas sobre el hielo. Las focas de piel corrugada son el principal alimento invernal de osos polares. Comen también otras especies, como las encapuchadas y las barbadas. Matar una presa grande es más difícil para el oso polar. La presa más grande puede también lesionar al oso. A veces los osos comen morsas y ballenas muertas que van a parar a la playa.

Los osos polares tienen varios recursos astutos para atrapar focas. Como las focas son mamíferos, tienen que subir a la superficie del agua para respirar. El oso espera a que la foca perfore un agujero en el hielo para respirar. También es posible que se arrastre con sigilo hasta las focas que están descansando. El oso puede cubrirse la negra nariz con la garra blanca, y así es más difícil que la foca lo vea venir en medio de la nieve. El oso también puede flotar en el agua sin moverse. La foca a veces puede confundirlo con un bloque de hielo. El oso flotante estira la zarpa y agarra a la foca, si ésta se acerca demasiado.

Un oso polar explora el hielo, en busca de una foca.

Durante el verano, los osos polares comen también plantas. Exploran la mojada tundra en busca de plantas como algas, musgo, líquenes y hojas. Encuentran también bayas en arbustos, o racimos de hongos que comer.

Arriba, a la izquierda: Morsas y focas constituyen la mayor parte de la dieta de un oso. **Abajo:** Como los osos polares se pierden en el fondo blanco de la nieve de sus alrededores, pueden a menudo atacar astutamente a su presa.

Apareamiento

Los osos polares adultos hacen la corte y se aparean en primavera. Cuando una osa polar está lista para el apareamiento, su orina tiene un olor especial. El oso polar macho lo huele y lo usa para encontrar a la hembra. Desde la edad de 5 años hasta cerca de 20, las hembras pueden aparearse y tener cachorritos.

Los osos polares machos de gran tamaño pueden pelear con otros machos por una hembra. Los osos de más edad ahuyentan también a los jóvenes, para aparearse con ciertas hembras. Los osos polares macho y hembra permanecen juntos cerca de una semana. A veces, también viajan juntos después del apareamiento.

Arriba y abajo: Durante la temporada de apareamiento, los osos polares macho y hembra permanecen juntos cerca de una semana.

Los osos polares no acostumbran invernar (dormir todo el invierno). Únicamente escarban guaridas para procrear o para escapar a las ventiscas. Durante el verano, a veces excavan un agujero superficial en la tierra. El suelo congelado bajo la superficie les ofrece un sitio fresco durante la estación de calor.

Durante el otoño, las hembras embarazadas viajan largas distancias en busca de colinas cubiertas de nieve, para usarlas como guaridas. Con sus enormes garras, la hembra escarba un túnel y una gran guarida, en la pendiente de una ladera. Luego, se introduce en ella. Las tormentas invernales de nieve no tardan en cerrar la entrada sin dejar huella de la osa o de su guarida.

Arriba: El macho y la hembra juegan juntos.
En medio: Los osos polares no acostumbrar invernar durante el invierno.
Abajo: El oso y la osa a veces viajan juntos como pareja.

Cachorros de osos polares

La osa polar acostumbra dar a luz gemelos o trillizos, a veces entre noviembre y febrero. Los osos pequeños pesan menos de 2 libras (9 kilogramos). Nacen ciegos y sordos, con una ligera cubierta de pelusa sobre la piel. Como las temperaturas al aire libre bajan hasta 50 ó 60 grados bajo cero Fahrenheit (entre 46 y 51 grados bajo cero Celsius), los cachorros recién nacidos anidan en la cálida piel de su madre y se alimentan con leche de ella. No tardan en crecer, porque la leche tiene casi un 40% de grasa.

A la edad de unas cuantas semanas, los cachorros pueden ver y oír.

Las osas polares madres de ordinario dan a luz gemelos o trillizos.

También ellos están cubiertos de una piel suave y blanca. Pronto, la osa madre excita a sus crías a salir de la guarida, donde pueden jugar y dar tumbos en la nieve, y explorar sus nuevos alrededores.

Izquierda: Los cachorros se amamantan durante un tiempo hasta de 2 años. **Arriba a la derecha:** Los cachorros exploran en medio de la nieve.
Derecha: Después de varias semanas, los cachorros tienen cubiertas suaves y blancas.

La osa polar madre cuida a sus cachorros durante cerca de 3 años.

Pocos meses después, la osa polar madre y su cría abandonan del todo la guarida. Después de salir, los cachorros aprenden a cazar y a nadar. Estas lecciones continúan durante 2 ó 3 años, mientras va aumentando la edad de los oseznos (cachorrillos). Aunque los osos jóvenes empiezan a comer alimento sólido, siguen amamantándose hasta la edad de 18 a 24 meses. Cuando dejan definitivamente a la madre, a menudo viajan juntos, hasta que tienen suficiente edad para empezar sus propias familias. Los osos polares pueden vivir hasta 35 años, pero la mayoría de los osos en zonas vírgenes, alcanza a vivir solo unos 17 años.

Dos oseznos vuelven al hogar, a su nevada guarida.

VECINOS DEL OSO POLAR

Muchos otros animales viven en el Ártico. La ballena de Groenlandia, la beluga y el delfín nariz de botella viven en aguas polares. Otra ballena que vive en el Ártico tiene un largo colmillo que le da la apariencia de unicornio; se llama narwhal (cetáceo ártico). Focas y morsas nadan también en las agua frías y descansan sobre el hielo.

Patos de flogel, búhos de nieve y gansos de nieve viven también en este ambiente frío. Están recubiertos de gruesas y vellosas plumas. Al lagópedo que vive en el norte le crecen plumas blancas en invierno, para camuflarlo (mezclarlo con los alrededores). Los osos polares comparten también sus veranos árticos con lemmings, ardillas árticas y lobos. Las zorras árticas cazan liebres árticas durante el verano y el invierno. Los mamíferos de mayor tamaño que viven en el Ártico son el toro almizcleño y el caribú.

Búho de nieve

Zorra ártica

El oso polar y el hombre

Los osos polares no tienen más enemigo natural que los seres humanos. Durante muchos años, los Inuits (pueblo nativo del Ártico) cazaban los osos para comer. Usaban su piel para ropa. Los primeros exploradores cazaron también osos polares para comer. Después, la caza del oso polar se volvió un deporte. El resultado fue que el número de osos polares disminuyó mucho. La creación de ciudades y caminos cambió también el hábitat del oso polar.

En 1973, Canadá, los Estados Unidos, Dinamarca, Noruega y la antigua Unión Soviética decidieron cooperar para salvar los osos polares que quedaban en el mundo. Desde ese año, la mayoría de estos países han permitido solo una cacería limitada.

Los osos polares necesitan nuestro respeto y protección para sobrevivir en zonas vírgenes.

21

Los osos polares afrontan hoy otros peligros, tanto de parte de los seres humanos como de la contaminación. La perforación de pozos petroleros, minas y otras industrias pueden causar contaminación. La contaminación puede hacer daño al océano, al aire y al terreno del Ártico. Por ejemplo, si demasiado petróleo cubre la piel del oso, su pelo no puede ya mantenerlo a temperatura caliente. Los derrames de petróleo pueden también matar otros animales que quizá los osos polares cazan para comer.

Sin embargo, los osos polares y los seres humanos pueden convivir. Durante el otoño, osos polares visitan el pueblo de Churchill en la región de la Bahía de Hudson, en Manitoba, Canadá. Ahí, la población humana vive con ellos con ciertas precauciones. Algunos osos se pasean por las calles y se alimentan de lo que hay en basureros locales. Muchos turistas visitan a Churchill para ver los osos desde carritos de la tundra. Estos vehículos son especiales para proteger a la gente, de modo que pueda acercarse a los osos sin peligro.

Los seres humanos necesitan seguir protegiendo a los osos polares. Si así lo hacemos, el gran Rey del Ártico seguirá viviendo libre y seguro en zonas vírgenes.

Carritos de la tundra permiten a la gente observar de cerca y estudiar los osos polares.

Datos sobre osos polares

Nombre: Oso polar

Nombre científico: Ursus maritimus

Altura del hombro: Hasta 63 pulgadas (160 centímetros)

Altura estando de pie: Hasta 130 pulgadas (330 centímetros)

Longitud del cuerpo: Machos: 94–98 pulgadas (239–249 centímetros); hembras, 71–83 pulgadas (180–211 centímetros)

Longitud de la cola: 3–5 pulgadas (7–12 centímetros)

Peso: Machos, 660–1500 libras (299–680 kilogramos); hembras: 330–770 libras (150–349 kilogramos)

Color: Parece blanco

Madurez sexual: A una edad entre 5 y 6 años

Las hembras se aparean: Cada 2 ó 3 años

Gestación: Entre 195 y 260 días

Tamaño de la camada: De 1 a 3 cachorros (por lo común, 2)

Vida social: Vive solo

Alimento favorito: Foca de piel corrugada

Hábitat: Regiones árticas de Canadá, Estados Unidos, Rusia, Dinamarca y Noruega

Glosario

Ártico La región que rodea al Polo Norte
carnívoro Que come carne
especie Grupo de animales semejantes
hábitat El lugar y la condición natural en que vive una planta o un animal

Inuit El pueblo nativo del norte de Alaska, Canadá, y Groenlandia
migrar Viajar cuando cambian las estaciones
tundra Región fría del Ártico, donde el subsuelo, bajo la superficie, está siempre congelado.

Para más información

Libros

Bailey, Donna. *Bears* (Animal World). Chatham, NJ: Steck Vaughn, 1998.

Bailey, Jill. *Polar Bear Rescue* (Earth's Endangered Animals). Chatham, NJ: Steck Vaughn, 1991.

Johnson, Jinny. *Polar Wildlife* (Close-Up Series). New York, NY: Reader's Digest Association, 1993.

Kalman, Bobbie D. *Arctic Animals* (Arctic World Series). New York, NY: Crabtree Publishing, 1998.

Sitio de la Red

Polar Bears

Conozca más sobre el comportamiento, la dieta, el hábitat, los oseznos, los sentidos y la conservación de osos polares: http://www.seaworld.org/infobooks/PolarBears/home.html

Índice

24